De la miniserie 11 casos y un homicidio

Aguas profundas

Cómo no ahogarse en un vaso de agua

"No tengo todo calculado, ni mi vida resuelta, sólo tengo una sonrisa y espero una de vuelta." Calle 13

Título: Caso # 3

Cómo no ahogarse en un vaso de agua

2019. José Joaquin Portilla Ramos

De los textos Ilustração da Portada y

Revisão do texto Primeira edição J. J. Portilla

ISBN: 9781797673202
Selo editorial: Independently published

Una vez más y quiero que me sean sinceros:

A quién mejor que a ustedes.

Índice:

Inauguración

- (..la conversación con Hamlet, que quedó incompleta en el caso anterior)
- Oye calma, báñate, relájate, haz todo eso escuchando algunos de los audios que te mandé, come algo y cuando termines me llamas de nuevo. Pero relájate, acuérdate que la desesperación es un síntoma de debilidad.
- Si hermano, despreocúpate que ya yo estoy más controlado, hoy voy a pasarla bien, voy a ver si voy durmiendo durante el viaje pues esta señorita llegó a las 2 de la madrugada y a las 4 tenía que levantarme y tú sabes, con miedo a quedarme dormido, solo pude tirar un pestañazo.
- Estás contento entonces?
- Si acere.
- Eso es lo que importa, acuérdate, nada de darle la mano ni darle a entender nada.
- despreocúpate.

Hamlet no me llamó de vuelta, terminé durmiendo después de terminar de hacer la página en el Facebook sobre la academia Gofiño que era como se llamaría y bajando la mayor cantidad de imágenes en esta bien seductoras sobre ejercicios en piscina para que llamasen la atención de todo el que la viesen, y al día siguiente tenía que reunirme con el especialista que iba a encargarse de mantener la piscina en buen estado y la profesora, para acordar horarios disponibles, sugerencias y método de trabajo.

Alexia tenía que salir con la nueva secretaria, que era la cuñada de la que la ayudaba a planchar la ropa semanalmente para pegar en las peluquerías, puestos de salud, tiendas, unas hojas impresas hablando sobre las inscripciones y los horarios y dirección.

Pero antes, lo primero que hice al despertar fue llamarlo a ver que tal:

- ¿Qué me dices? ¿Qué pasó por fin? ¿cómo se está portando la pulga asesina esa?
- Nada aquí aún vamos en camino para dedicarme un día completamente para mí. Te llamo después porque aquí la conexión está bien mala.
- ¡Eso, que bien!

La piscina estaba cristalina sobre el espejo azul que desde el fondo esperaba ansiosamente por los visitantes de honor, ya Alexia traía los productos de limpieza del baño y del resto de la academia. Las personas de más de 4 décadas de vida hacían su inscripción para las aulas que más le ajustaba a su horario. Las personas con deficiencia motriz fueron de las primeras en arribar. No comprendía cómo nadie le extendió la mano a esa población tan carente, cómo no hubo ninguno entre tantos emprendedores -que se diera cuenta de la necesidad de estas, conociendo que el objetivo primario de cualquier negocio de suceso es cubrir las carencias de las personas, porque detrás del telón de las necesidades siempre hay un escenario lleno de oportunidades- que saliera en defensa de las personas de la tercera edad.

La felicidad de sentirme útil de nuevo al prójimo, hacer sentir mejor a los demás y de cierta forma, contribuir con su integridad física y mental-me volvía a llenar de motivación, aunque cuando volviese para la casa, retornase al mismo silencio abarcador que no puede llenarse mientras la ausencia de mis hijos continúe ocupando mi mente durante los espacios en que no hay nada que hacer, en que el cansancio me vence y cuando la energía se me agota recorriendo la distancia que nos separa.

Cuando me esfuerzo para enseñar a encontrar soluciones a las limitaciones ajenas, mostrando el camino más fácil para superarse, se abre una puerta que abarca toda la amplitud de la esperanza. Quizás es por gusto tanta ilusión, pero si me ayuda a adelantar el ciclo de mis proyectos, aunque a paso de hormiga con respecto a las expectativas del cronómetro que separa el tiempo de vida útil que como padre aún pueda servir.

Mi corazón registra el tiempo que me estoy perdiendo llenando instantes a ver si la nostalgia cesa de multiplicarse. Cuando no estoy trabajando en el gimnasio, me pongo a escribir los adelantos e inconvenientes que vamos teniendo en el proceso. Porque a lo mejor se dice fácil pero es bien intensa la lucha; como hoy mismo que faltó la profesora de hidrogimnástica y yo tuve que ponerme a dar la aula que al mismo tiempo me sirve a mí para poner en movimiento todos mis sistemas y quemar algunas gorduritas remanentes que se van instalando principalmente a los laterales del abdomen como si quisiesen ir trepando por el dorsal ancho.

Dar clases es bastante beneficioso para mi pues al mismo tiempo les doy una clase de superación y neuroafectividad, donde voy poniendo en práctica los conocimientos que en mi anterior libro "la neurociencia afectiva contra la depresión" para tener una capacitación extra para futuras conferencias sobre este, aparte que yergue mi ánimo y me mantiene más creativo al ir improvisando algunos de los ejercicios que voy introduciendo en una rutina que rebasa de ser la misma de siempre, cosa que me agradecen en demasía los alumnos que salen de estás más estimulados y con mejor disposición. Yo no sé qué trabajo les cuesta a hacer las cosas con amor y entrega total, de esa manera el tiempo pasa más rápido y alegre.

Lo contradictorio de todo esto es que siempre hay un mono en la costa de ojo gordo, que es como se le llama aquí al envidioso, el mismo que yo pongo en la mano del 1800 reales por alquiler, luz y agua, es el mismo que me puede denunciar frente a los inspectores por estar haciendo ese trabajo sin tener el título de profesor de educación física. Como si eso le perjudicara a alguien, solo porque yo doy las clases mil veces más interactivamente que ellos, riéndome para disipar esas preocupaciones del día a día, causándoles una predisposición a la anedonia y esta a su vez a la frustración que va acumulándose en las articulaciones, donde comienzan a trabar los movimientos de estas.

Alexia se quedó en la parte de afuera, dentro del carro, vigilando por si llegaba algún inspector de imprevisto me avisase urgentemente -y yo poder salir sin ser pescado infraganti en un país donde hasta para sacar una puntilla de la pared no es cualquiera el capacitado para ello sino que tiene que tener un diploma que lo certifique. Igual que cuando durante las consultas los pacientes yo los encaminaba con el psicólogo y me decían que preferían conversar conmigo porque el psicólogo siempre estaba apurado y les decía tajantemente que ya era hora de que asimilaran el problema y dejaran de estar estorbando, pero como tenía certificado de haber estudiado algo que no le gustaba tanto pero sabía que era lo que le iba a dar un retorno financiero rápido, sus padres le pagaron los estudios o mejor dicho, costearon la asistencia desmotivada a clases de sus hijos. En aquella época de trabajo en el puesto de salud, cuando explicaba a la pareja los ejercicios que debían hacerse para ir reduciendo cualquier dolor articular o mejorar la movilidad en caso de tendinitis, que le correspondía al fisioterapeuta y yo que tenía una maestría en fisioterapia pero no estaba contratado con ese objetivo ni mi certificado era de Brasil, los comentarios apenas llegaban a oídos de los jefes, estos me amenazaban a que hiciese solamente lo que me tocaba.- en eso vio al que limpia la piscina hablando con Rolander, el profesor de educación física:

- **¿no piensas llamar para denunciarlo?**
- **Él se piensa que porque es médico puede ponerse a hacer clases de hidrogimnástica y no es así como funciona eso aquí.**
- **si vuelve a dar las clases de la tarde voy a tener que llamar a los inspectores.**

Mi intención nunca fue dar esas clases sin registro, solo que la profesora de hidrogimnástica, casi siempre después de que le pago el mes, refiere que sus hijos están enfermos con vómitos y diarreas ¿y qué va a hacer uno? ¿Dejar de dar las clases y perder los alumnos? - es difícil, nadie se imagina el trabajo que costó llenar esa academia para que diese resultados, para que por la inestabilidad emocional de esas personas bipolares se vaya todo a la borda.

A los más bajos nadie los ve pasar

A la hora de pasar por el balcón las personas de menor estatura no se veían entrar y eso daba un falso conteo de personas como acto de presencia. Meses después se nos ocurrió la idea de colocar una catraca que es un aparato donde uno coloca la huella digital como pase.

A las semanas de comenzado la secretaria, esta tenía una vida que sin inmiscuirnos mucho en ella dio ciertos síntomas de promiscuidad y como dicen los gurús de las finanzas: nunca dejes entrar en tu negocio a quien nunca dejarías que entrase en tu casa, o sea, que si no es de entera confianza no puede estar ni por las inmediaciones. Y en pocos días, el marido comenzó a perseguirla montando escenas de celos patológicos, refiriendo que desde que entró a ese trabajo, ella lo venía engañando,- amenazando con romper los vidrios de la academia y caerle a golpe dentro en cuanto tuviese la total certeza de quien era el pecador que se estaba comiendo la fruta del que el se creía único dueño y señor- pero estaba completamente engañado, esa jovencita de cintura que ni hormiga y ojos que ni avispa, tenía hace tiempo puesto el aguijón de uno de los mejores amigos de su marido quitándole sus inquietudes más íntimas. Cuando sus crisis comenzaron a tornarse más incontrolables tuvimos que dispensarla, aparte de que siempre estaba precisando de dinero adelantado para cubrir los vicios del marido y las cervezas- que inmediatamente iluminaban su rostro revitalizado de solo pensar que el frio sudor de aquel licor efervescente- de fin de semana, aparte de 300 reales que desaparecieron durante su estadía. Fue pérdida lo que nos trajo esa chiquita endemoniada.

Luego nos fuimos a buscar otra secretaria en el lado opuesto de las tinieblas, en la iglesia, lo único que esta otra estaba infectada con el virus del celular y la mantenía sujeta a este la mayoría del tiempo y las personas pasaban por el mostrador sin esta darse cuenta y sin recalcarles que debían pagar y de esa manera tuvimos que dispensarla también, pero ella conocía a otra de su iglesia que precisaba de trabajo, la cual fue testada más unas 5 veces porque también era una viciada en celular, pero con la particularidad de que presentaba una inclinación por los aplicativos de relacionamiento, o sea, conocía personas de todos los lugares del planeta con los que mantenía continuo contacto- seguramente hermanos de fe, pero que no la dejaban centrarse a hacer lo básico que le pedíamos: personas de todo tipo de estatura pasaban por la recepción y ella ni se daba por enterada, la piscina perdió el calor varias veces por ella no cubrirla con la lona térmica- y eso hacía que perdiésemos clientes porque el agua estaba helada y también que ligar el calentador eléctrico consumía 5 veces más de corriente que el solar- pues eran tan eminentemente importantes los mensajes que recibía del universo que ni cloro le echaba al agua. Por lo cual tuvimos que deshacernos de su ayuda, si se le podía de llamar de ayuda a aquello. Al final quien tuvo que desempeñar el cargo más una vez tuve que ser yo, lo que me limitaba a desempeñarme en las funciones relacionadas con la mentoría; hablando de mentoría, vamos a ver que cuenta Hamlet hoy:

- **Oye mándame fotos del viaje, y cuéntame que tal la pasaste.**
- **lo mismo con lo mismo, conversamos un poco de las cosas y llegamos a un acuerdo de que no tiene sentido continuar. Te mando las fotos ahora;**
- **(las fotos en una cascada, en la parte de delante de dos bueyes, montado en una bicicleta todo terreno, bañándose en una piscina en el borde de una ladera con vista a la naturaleza y yo queriendo hacer un chiste le dije porque realmente estaba bien flaco: oye con esa musculatura de salamandra tísica no vas a pescar ni una tilapia con tuberculosis.(al tipo no le gustó el chiste y me respondió:**
- **Ese es el cuerpo que Dios me dio y hasta el momento las canillas esas de palitroque nunca se me han quebrado.**
- **Era jodiendo acere, no te me vayas a desarmar ahora por esa bobería**
- **-no, no, no, tranquilo, la pasé bien. Incluso ella quiso denigrarme delante de unas muchachas que conocí en la guagua que comencé a hablarles en portugués y ella se metió en la conversación diciendo que yo no sabía hablar en portugués pero estas le respondieron que si me estaban entendiendo bien y que incluso que si yo sabía hablar en inglés y continuamos el reto del camino en inglés.**
- **Ah viste eso demuestra que tú eres un tipo con nivel, esa tipa no te pega en nada. Es más, la próxima conversación vamos a "talking in English languaje".**

Con las fotos que me mandó le hice unos montajes usando varios programas en el celular junto a varias frases para subirle la autoestima (como: ¿piedras en el camino? Yo las guardo todas, algún día me servirán para construir un castillo/ cree que puedes y ya estarás en la mitad del camino/ una vida no cuestionada no merece ser vivida/ todo vale la pena cuando el alma no es pequeña/ y aquella de Aristóteles: en el fondo del hueco o de un pozo, es que se descubren las estrellas, y la de Coelho: imagine una nueva historia para su vida y acredite en ella)y se las envié para que hiciese su propio perfil de Instagram para que lo usara como diario de la felicidad como evidencia del nuevo re modelamiento de su nuevo "yo".

El ánimo es la vitamina del vencedor, no existe vencedor sin una buena suplementación de motivación diaria, e igual que todo buen polivitamínico que reestablezca las pérdidas diarias, debe tomarse diariamente y varias veces al día según el desgaste de cada cual y la edad.

Personas de edades límites son más susceptibles y necesitan de más oídos comprensivos para sujetar la autoestima que los que están pasando por fechas de mejor aceptación, ni es lo mismo la carga de apoyo psicoemocional que necesita una persona que vive en el tope de la clase alta de la sociedad, asediada por el influjo de guatacas y lame dedos que lo que viven en los suburbios lidiando con oportunistas profesionales con la típica cara de "yo no fui"; a veces los de clase más bajas tienen sistemas de defensas más desarrollados pero su agotamiento motivacional está siempre en fase de detrimento por arrastrar la sumisión continua y directa de su abnegado potencial de reposición de energías casi sobrenatural de no avanzar por más que se esfuerce.

Condiciones diferentes donde el emigrante es un peón más del juego de ajedrez, cuando se pierde uno, nadie lo siente. La realidad es dura, hay que aceptarla, pero cuando las cosas se ponen duras los duros se ponen para las cosas, y esto necesita de las bases de sustentamiento de los estados de ánimo positivos, la motivación. Y esta está estrechamente relacionada con los sistemas sensitivos; es como una persona que pasó por una situación traumática que lo dejó rumiando en el pasado memorias reciclándose sin parar, trabando el mecanismo de evolución personal y necesita de electroshock o terapia electro convulsiva que utilizan aún los sádicos psiquiatras, pero con la diferencia que estos estímulos deben ser guiados a favor de sentir esas partículas de realidad diferentes, con un aroma más acogedor- yo le llamaba de ver lo positivo de cada situación, aunque sea mucho más que eso, se trata de absorber el medio como una muestra más de probabilidades de éxito- improvisando, de cierta manera, la felicidad desde una nueva dimensión personalizada.

La psicología positiva tuvo su auge en los últimos tiempos pero siempre viene un envidioso con otras teorías opuestas para quitarle crédito al otro y llamar la atención valiéndose de una teoría más esnobista que imante al público que se deje persuadir, yo sé que no se trata de no sufrir nunca ni ser unos autómatas sin más sentimientos que la perenne alegría como si fuese una mueca insustituible, pero que si se puede evitar la tristeza, siempre que tengamos nuestros mecanismos de defensas bien reforzados: lo hagamos. Nadie va a perjudicarse por eso. La felicidad es un estado del alma como la primavera es la estación del año más esperada en los países donde la nieve perpetúa la soledad de sus silencios más congelados.

De médico a limpia piso

Como no encontrábamos secretaria, yo tuve que realizar sus funciones adicionales también que eran las de mantener los baños recogidos y como exigía el personal con la cantidad de productos y cloro que aquí en el mundo desarrollado acostumbraron y obligan a todos a derrochar.

Una de mis asiduas pacientes en el puesto médico,- mientras yo estaba realizando el secado del pasillo contiguo al borde de la piscina para que no resbalasen y se fracturasen el fémur- escupió sobre mi autoestima la siguiente frase interrogativa: - De médico a limpia piso?

No les voy a negar que me abaló bastante y dejó mi mente dislocándose sobre sí misma como un casete que rebobina la cinta automáticamente la misma frase sin poder morderla, como acostumbraban hacer los antiguos casetes ORWO importados de la república democrática alemana.

Indignación quizás sobre la desmoralización que sufría mi prestigio desmoronándose a si propio por mi conducta de sobrevivir al desempleo. Su imprudencia tal vez sincera había amputado mi ego, castrando la esperanza de levantarme algún día de aquel golpe bajo del destino.

Muérgama, era la palabra en el venezolano más genérico para describir a este tipo de personas carroñeras que como aves de rapiña están sondando para atacar a los que tienen la voluntad susceptible a los influjos de las temporadas más corrosivas para el alma.

En fin, pasar página a este momento que retrató mi realidad era algo difícil de aceptar, después de 6 años de medicina general, tres más de especialidad clínica y tres más de geriatría y gerontología, más uno más de master en longevidad satisfactoria, y un aval de más de mil hora de cursos de superación en el área médica, ser consumido por esa frase bien resumida salida de la espontaneidad de las sombras humanas denigrantes.

Luego venían haciendo fila una multitud de respuestas que nunca salieron en la hora porque mi espíritu quedó congelado en ese mismísimo instante. De las cuales una que invertiría el juego instantáneamente: ¿acaso Jesús no lavaba los pies de sus discípulos? Y bueno, hasta una prosa rimada -que coloqué en mi

Instagram para tenerla entre los capítulos más recalcitrantes de mi tránsito por Brasil- me salió en consonancia a aquel buche amargo de residuos de la más asquerosa hiel de los prejuicios o mejor dicho: desperdicios humanos.

Como si no tuviese suficiente vivir con el sufrimiento de la lejanía e mis hijos y los tonos de nostalgia que rodean el cuadro del emigrante.

Aunque para ser bien coherentes, puercos son los que ensucian las calles y aseados los que las limpian, siendo este uno de los empleos más discriminados por la sociedad.

Esta vez soy yo quien preciso decirle a Hamlet todo lo que yo preciso oír, a ver si escuchando mi voz me hago un poco más de caso:

- **Ei master, hay que entrar en serio y en profundidad con el tema de ser cada vez más competente. Tu sabes que siempre es bueno saber de todo un poco, pero aquí, por estos lares llenos de zancadillas y pisotones, donde somos totales desconocidos y que para los sentidos del olfato de la mayoría somos una raza de pobres ineptos extraños, tenemos que convencer inexorablemente con la verdad y eso solo se logra: sabiendo mucho y de todo. Para no hacerte el cuento muy largo,- eran las 1:20 de la madrugada que te escribí este mensajes y yo aun escuchando conferencias y audiolibros- y estuve entre esos pasadizos del saber hasta las 4:10 de la mañana en que quería dejar reposar mi visión por unas pocas horas cuando el gallo del vecino comenzó con su imprudente ópera matinal,- lo que te quiero decir es que tenemos que meternos en la cabeza que estamos en la era de la información y el que tenga la mente más abierta a las transformaciones que están aconteciendo en la rama que defendemos es quien va a llevarse el gato al agua como dicen allá en nuestra tierra.**

Lidiar con personas es cosa seria

Una de las personas más creativas que ya conocí son las que venden ropas y comidas para mascotas, porque estos no se quejan, ellos no tienen la capacidad que desarrollaron los humanos para flagrar a los otros con su intolerable sentido de la inconformidad.

Cuando entran a la piscina unos se quejan de que el agua está muy caliente y otros que está muy fría mientras que los que tienen mejor condición económica tienen un motivo menos que quejarse pues realmente lo que le pesa a los pobres es tener que invertir en su salud, ellos siempre lo quieren todo gratuito, menos la comida y la cerveza- para eso siempre hay una reserva, al igual que para las fiestas todos los fines de semana.

Nueza, -con su cara achatada por los polos y abultada en el ecuador-la mujer del agua caliente, hasta el día de hoy no me mira a la cara de lo sobresaltado que quedaron sus rencorocitos (esas células que producen rencor en las neuronas más atravesadas de su cerebro) desde aquel momento, y eso que todos los días cuando ella llega con su inmensa boca de bacalao acordonada a la inconformidad, le doy amablemente las buenas tardes y la mejor de mis sonrisas, pero bueno, es como dicen por ahí: cada cual da de lo que tiene.

Las señoras que tienen de base esa de creer que todos los quieren estafar, comienzan a dudar de los otros por el más mínimo gesto infrecuente o tic nervioso, y es precisamente a la hora de pagar cuando estas más se exacerban y quieren hacer un hago contar como constancia de que ya pagaron y no van a ser cobradas de nuevo, y cuando uno está buscando la ficha de una en el bulto, las demás comienzan a desesperarse y agitarme para que ande rápido, vociferando en su idioma nativo: ¡anda logo, anda logo!

Otro gordo bitongo es el Carlitos ese, que con su madre y la amiga de esta,- que ni por ser las más longevas de todas las secciones reducían la onda expansiva de sus comentarios deformantes-, me parecía tan educado al igual que su progenitora y compañera pero con el curso del tiempo que conocí bien las perlas de sus sonrisas fanáticas de la hipocresía bajo demanda, llegué a la conclusión de que muchos solo muestran el reverso de un mismo disfraz con una etiqueta colgada como de costumbre en la parte menos visible de sus espaldas que generaliza esa especie bajo la consigna legendaria de "Dime con quién andas y te diré quién eres" defendiendo su propia marca personal.

Pero yo usé sin querer la música para establecer afinidad con Carlitos y su organización de reparadoras ultra exigentes para que bajaran un poco la guardia, cada vez que yo daba las clases ponía la música del tiempo en que ellas estaban en la flor de la edad, en que la alegría era el principal cofactor de sus emociones y que sin duda alguna estarían entrelazadas a la música de aquella época, que por el diámetro crónico de su abdomen y escrupulosos modales era Jean Michel Jarré, Vangelis y Enigma.

Temporada de soluciones: de cabeza fría

Qué hacer con el dilema del lavado de los baños? Con la inconformidad de las temperaturas? Con la algarabía de personas que quieren ser atendidas a la velocidad de un ciquitroque? Fácil, nada como pensar fuera del lugar, en un contexto relajante y fuera del espacio de trabajo- estilo meditación budista, encontrar respuestas en medio de la paz universal, que es lo que ahora está de moda.

Todo esto haces sentido cuando comprendemos que es durante el silencio es que se encuentra el espacio para tener una conversación más coherente con nuestras voces internas.

Íbamos a perder una cliente joven porque estaba sin trabajo, a la cual le ofrecimos el puesto de limpiar el baño solo cuando le tocaba la clase de hidrogimnástica y quedaba como pagamento por continuar recibiendo su aula y cuando apareciese otra con similar cuadro, encaminarla por el mismo mecanismo- de esa manera ya me quitaba un peso de encima y mantenía la fidelidad del grupo, que podía contagiar el ánimo del resto.

Los altibajos de temperatura se resolvió más fácil de la cuenta, las menopaúsicas que sentían ese calor exorbitante, le poníamos la manguera de agua al tiempo directa para ellas, que siempre eran una o dos solteronas a lo más, dejando la piscina con la temperatura basal de siempre; y en cuanto a lo del pagamento, a cada una le di una tarjeta por las que ellas mismas serían la responsables por pagar en tiempo exacto para yo no tenerles que recordar, porque eso era otra cosa, se ofendían en gran manera si les recordaban que estaban fuera de tiempo ya sin pagar, y hasta amenazaban con hacer una revuelta local para revelarse contra la injusticia humana de no ser escuchadas en sus casas y querer enfrentar sus silencios contra los que nada tenían que ver con ellos.

Y el remedio más eficaz para todos estos inconvenientes desde aquel entonces, fue una sonrisa incuestionable e inquebrantable para que los puñales lanzados desde el anonimato perdieran su efecto al ponerse en contacto con el campo magnético que esta irradia. La risa se conecta con la parte buena de los demás por muy poco espacio que algunos reserven en sus cerebros- congestionados de chismes y enredos- para la honestidad.

No podemos dejar que los demás influyan con su toxicidad exponencial sobresaturada de conflictos e incongruencias en nosotros sino que se trata del proceso opuesto: dejar nuestro entorno mejor de lo que como estaba, por eso que no te puedes dejar llevar por mentes débiles e inaptas, porque si dejas una mínima abertura en tus oídos para sus quejas hipnóticas, ellas viralizan el medio y comienzan a atacar en masa.

A veces las soluciones son tan prácticas que nos pasan por delante de los ojos y no las vemos, simplemente estamos demasiado entretenidos en tantas cosas al mismo tiempo que no percibimos la localización de las salidas de emergencia así estén en nuestra frente y siempre estuvieron ahí, completamente descartados por nuestro sistema de creencias limitantes. Eso me recuerda un amigo de la universidad que era muy regado pero siempre salía bien en los exámenes, todos acostumbraban a motivarse en época de pruebas con la siguiente frase: - si él pudo por qué tu no?

Lamentos inconsolables

Esa ex paciente siempre sale de la piscina con un síntoma distinto y cogiéndome de señuelo para luego comparar mis criterios con los de otros profesionales por los que luego va a pagar y por el gesto de haber pagado por escuchar un criterio, siempre va a tener más valor que lo que pueda escuchar gratuitamente desde las intenciones más sabias de mi corazón y con experiencia de sobra en esa rama.- así que con todo el dolor del mundo, le digo:

- **lo más lógico es que usted procure la voz de un especialista, ¿no es lo que va a hacer?**
- **Si, el lunes ya marqué**

Yo conozco a las personas, solo quieren medirte, compararte y evaluarte. Cuando más te parece que estás ayudando, lo que están haciendo es utilizándote como una ficha más de su ajedrez de intereses personales.

Me desgasto dando una consulta integral donde combino fisiología, medicina general, geriatría, metabolismo y epigenética para que me vayan a comparar con un idiota que les pasa un medicamento sin evaluar riesgo- beneficios de este a largo plazo en correspondencia con las enfermedades de base.

Las personas malagradecidas siempre van a tener alguna queja, alguna enfermedad psicosomática rondando por sus articulaciones o sistémicas, porque viven cargando con un exceso de denuncias mentales contra todos sin agradecer ni aprovechar las oportunidades que la vida les está mostrando día a día.

Yo recuerdo una frase de Mario luna alegórica a este tipo de personas: "Aporta o aparta" -ninguna frase de sabiondos contemporáneos me ha ayudado tanto como esta, cuando veo que las gentes repiten ese prototipo yo las apago del sistema y son como si no existieran. Y si es el Carlitos con sus beatas a cuestas, una risa coloquial para que pasen de largo porque sé que son otros que ni dan ni dicen donde hay, andan con la balanza de la crítica debajo del sobaco para tergiversar todo lo que escuchan como si quisiesen vengarse de la indiferencia con que son tratados en sus consultorios privados. Estoy cansado de que vengan a descargar su inconformidad en mi, por eso es que no quedarme mucho tiempo fijo en una persona me ayuda a expandir mi amor y buenas intenciones para todos en que algunos saben recibirlo con mejor aceptación.

Alimentos de la mitocondria: la aceptación

El tiempo no pasa en vano. Las quejas solo profundizan sus huellas. Muchas veces tenemos que aceptar ciertas situaciones y procurar la forma de hacerlas más llevaderas, tomar un remedio natural, mantener los órganos nutridos y el metabolismo despierto manteniendo una disciplina de ejercicios para colaborar con la sinergia propia de la vida. En ocasiones les hablo en general sobre la importancia de tomar los remedios para a detener el avance de la osteoartrosis y algunos factores degenerativos que pudiesen atenuarse con antioxidantes suplementos y coenzima q-10, qua ayuda con el ciclo de la respiración celular a nivel mitocondrial que es la base de nuestras vidas, y que con el tiempo estas disminuyen su funcionamiento pero esta coenzima junto al ácido alfalipóico y la L-carnitina ayudan a restaurar la función mitocondrial.

Cuando puedo adiestro mi lenguaje médico hablándoles de alguna cuestión referente a los problemas que a los pocos van a irse tropezando en las cuencas de la tercera edad y como ir amortiguando las reacciones adversas de los años vividos. Les explico sobre las limitaciones que van apareciendo y lo necesario que es realizar este tipo de actividad ayudada por la fuerza anti gravitatoria del agua que al mismo tiempo va dando hidromasaje mejorando el drenaje linfático y la circulación que en esta edad la microcirculación está bien corroída por el efecto de los alimentos que nos han intoxicado durante tantos años de vetando las reglas.

Siempre tenemos que aprovechar cualquier oportunidad para subrayar las buenas intenciones que nuestro proyecto que no es por el mero lucro de una de las partes, que son más los beneficios que la inversión monetaria, aparte de que cuando el tiempo comienza a ponerles trabas al bienestar es señal de que tenemos que extremarnos en los cuidados, así nos cueste un poco más. Es necesario interiorizar legítimamente y convencer a todo el que esté en nuestro diámetro de acción, de los beneficios que ofrece lo que sea que hagamos.

Temporada de imprevistos

Todo se quiebra al mismo tiempo, como dice el refrán: para abajo todos los santos ayudan. Es como si fuese una maldición de la pobreza pegándonos su sombra a cada paso que damos para separarnos de ella. A veces son los mismos pobres que comienzan a maniobrar envidiosamente para que no avancemos a favor del progreso. Ellos mudar cada reglón de nuestro desempeño, ultrajan nuestras estrategias y cuestionan nuestros principios de principio a fin. Eso es en ocasiones, pero aunque nos resistamos a creerlo, la mayoría de las veces son pruebas para ver la calidad de nuestra fuerza de voluntad para luchar con total vehemencia, involucrados hasta el tuétano, por nuestros sueños.

A punto de comenzar otro invierno más en estas coordenadas. Cuando hacemos las cuentas nadie prevé las probabilidades de fallas no planeadas que aparecen por ley de lo inesperado, y entonces todas comienzan a presentarse como si fuese una conspiración en forma de avalancha demoledora de proyectos casi siempre que en el momento que hay que pagarle a los funcionarios. Que es cuando la reserva da en los límites de la banca rota.- se rompió el filtro, después el motor que se mojó por un salidero que apareció en el momento de ligar la turbina después de arreglar el el filtro, ahí se acaba el cloro y este se compra por gran cantidad para que salga más barato, que coincide justamente con la infección urinaria de la instructora de hidrogimnástica.

En esa misma temporada, si mal no recuerdo Hamlet me informa que estaba cortando una col cuando su ex mujer le pide 100 reales para delinearse las cejas y mil para salir el fin de semana entero (con un máximo de probabilidades de que fuese con el otro), entonces él fue hasta donde estaba ella, desobedeciendo las normas de convivencia con límites y le gritó: - ¡cojone de dónde voy a sacar más dinero!, ¿acaso tú te piensas que yo soy Neymar?(hasta ahí hasta se comportó relativamente impulsivo pero dentro de los límites permisibles, pero con una ligera salvedad: él no le dio tiempo dejar el cuchillo al lado de la col cuando fue a alegar su desacuerdo). Ella comenzó a gritar desesperadamente, los vecinos de los apartamentos contiguos rompieron la puerta para entrar, lo aguantaron, llamaron a la policía, que para casos de malos entendidos y discusiones sin grandes relevancias siempre llega con puntualidad envidiable. Se llevaron preso a mi amigo y no es que me haga el más abogado que nadie al confesarles que esta fue la

primera llamada que recibí de la prisión por parte de un cliente y
espero que sea la última. Cuando me di por enterado de todo:

- Hermano, ahora tienes un antecedente penal en un país donde aún
  eres extranjero y sin papeles, si no te estás más quieto que una
  estatua con paraplejia, vas directo a cumplir una pena que los que
  van a pasar tremenda pena va a ser tu hijito del alma, ¿eso no te
  da pena, acere?
- Ñoj compadre yo nunca había estado envuelto en estas cuestiones. Yo
  les dije que yo no pensaba hacer nada de eso
- Pero tú sabes que así comienzan la mayoría de los asesinatos, por
  un accidentes, sabías? (hasta en el momento de devolverle mi
  impresión en cada pauta del dialogo lo hacía mostrándole la cara
  más oscura de lo que podía haberse convertido esa escena para que
  su cerebro lo digiriese de forma que no fuese solo una advertencia
  más sino implicarle una mayor carga sugestiva, porque hay que
  prepararse siempre para lo peor que pueda pasar para mantener la
  alarma prendida antes de que acontezcan lo desagradable)
- Ya llevo tres días aquí con amenazas de todo tipo, la única que
  puede traer mis antecedentes y papeles es ella, yo aquí no tengo a
  nadie.
- Eso estoy cansado de decírtelo yo, y que te vayas de ahí. Ella no
  solo es un hueco en tu billetera, en tus sistemas de valores y en
  tu avance como ser humano y lo peor de todo es que somos
  emigrantes. Óyeme acere desde cuando yo te lo vengo advirtiendo, yo
  tengo un ojo clínico para esas cosas, todo lo que yo te digo, tal
  cual te viene sucediendo. Y lo peor del caso es que ¿quién te va a
  visitar en la cadeia? (como le dicen al régimen penitencial aquí).
  Tu hijo y padres sufriendo por estar detrás de una que se lo va a
  estar dando al que ella le da la gana, ella es libre, dime a ver,
  yo quiero que tú me digas: ¡en cual subasta de esclavos tu la
  compraste!
- Acere yo voy a tener que hacerte más caso a ti. Pero te juro que yo
  simplemente estaba pelando casualmente col en ese momento
- Pero en el impulso de la sangre pasa lo que nadie quiere, y tú
  sabes que ni tu ni nadie tiene derecho ni de quitar una vida ni
  hablar con nadie con un cuchillo en la mano. Sabes por qué? Tirando
  que no sucediese nada de nada en lo más mínimo, aquí las gentes
  vive inventando gramas por todo y enredando a todo el mundo en
  conflictos provocados por su propia imaginación prolífera. Una vez
  yo le quería ayudar a una viejita a cargar la maleta en la terminal
  de ómnibus y casi llama a la policía como ladrón.
- Bueno para lo que te llamé, si acaso me preguntan sobre alguien
  para preguntarle sobre mi o algo ¿yo puedo darle tu teléfono?

-   (vieron como todos los enredos y desafueros vienen junticos en un
    solo paquete) coño acere claro (qué remedio).

Banda ancha

Ya estábamos en tiempo para ampliar nuestra red de gimnasios mixtos por ciudades adyacentes a la región, así que luego de salir de pagar las roturas y cisuras en el plan evolutivo, decidimos hacerle caso a los grandes magnates del emprendimiento que aconsejan siempre que a partir del tercer mes en que abres una empresa, que ya comienza a caminar por sí sola, delegando algunas funciones sin dejar de llevar el peso de las finanzas, se debe experimentar en otro mercado siempre que se estudie bien a fondo, para eso hay miles de videos explicando y personas que nos ayuden a tener una mejor visión sobre el asunto, preferiblemente los que tienen negocios similares y en eso Alexia tiene record olímpico, le saca la información que quiere a los dueños de negocios con una facilidad impresionante, es como si fuese una maga robándole caramelos a niños en un cumpleaños de primer año de edad. Realmente las mujeres tienen no solo un sexto sino un séptimo y hasta un octavo sentido.

Pero bueno, en esos lares también tuvimos que enfrentar cada vericueto que ya tienen que ser tratados en otra oportunidad, junto a otra temática, que bien pudiese ser en el próximo caso.

En cuanto el caso de Hamlet, aún tenía que pasar por un psicólogo criminalista que diese su diagnóstico a pesar de que la ex retiró la denuncia luego de tres días en los que aprovechó al máximo metiendo a su enamorado a dormir en el apartamento que Hamlet pagaba, lo que este no puso ni un real en la economía de la casa, más bien pedía pisa y coca cola todos los días de la luna de miel, pero por cuestiones del destino ya tocaba pagar la mensualidad y el amante ideal no quería darle para pagar la renta y se sintió obligada a retirar la denuncia contando lo que realmente había pasado, ella entró en pánico cuando su cargo de conciencia vio a este en dirección a ella con el cuchillo.

www.ingramcontent.com/pod-product-compliance
Lightning Source LLC
Chambersburg PA
CBHW082250060726
47592CB00022B/3484

9 781797 673202